AF315626

L7K
3535

LK 3535.

UN PÈLERINAGE

A LA SALETTE

AU MILIEU D'AOUT 1855.

Levavi oculos meos in montes,
undè veniet auxilium mihi.
Ps. 120.

Adresser les demandes à **CARUS**, *libraire*, *à Grenoble*; joindre des timbres-poste et affranchir; aussitôt, l'exemplaire demandé sera envoyé franco à l'adresse donnée.

GRENOBLE,

Aug. CARUS, LIBRAIRE, RUE PÉROLLERIE, 9.

—

1855.

UN PÈLERINAGE

A LA SALETTE

AU MILIEU D'AOUT 1855.

UN PÈLERINAGE

A LA SALETTE

AU MILIEU D'AOUT 1855.

Levavi oculos meos in montes,
undè veniet auxilium mihi.
Ps. 120.

GRENOBLE,
A. CARUS, LIBRAIRE, RUE PÉROLLERIE, 9.
—
1855.

Grenoble, impr. de Prudhomme.

À Madame ***.

~~~~~~

19 septembre 1855,
9ᵉ ANNIVERSAIRE.

MA CHÈRE FILLE,

J'ai eu le bonheur de te mettre en rapport avec Mme ***, la très-intéressante miraculée de l'île de Ré, dont le récit ravissant rend pour ainsi dire témoin de sa guérison, demandée très-expressément et très-notoirement pour preuve du fait de la Salette : aujourd'hui je t'adresse et dédie un petit écrit où quiconque a écouté comme toi les opposants, qui se répètent tous, reconnaîtra, je pense, un tableau peint d'après nature. Puisse-t-il te porter, le souvenir de Mme *** aidant, à désirer du moins, comme le chanoine de ***, qui a ouvert lui-même la conversation que tu vas lire, les prières des bons pèlerins de la sainte Montagne !

Je te bénis de tout mon cœur,

M. F. B. D.
~~~~~~

UN

PÈLERINAGE A LA SALETTE

AU MILIEU D'AOUT 1855.

En prenant place à Grenoble, à deux heures de l'après-midi, au coupé de la diligence de Marseille par les Hautes-Alpes, je me trouve à côté d'un monsieur de ***, homme fort expansif, offrant d'emblée des cigares au conducteur, au cocher, à ses voisins de droite et de gauche, et, sur mon refus, me demandant si je vais jusqu'à ***.

— Jusqu'à Corps seulement, répondis-je.

— Ah ! vous allez peut-être à la Salette ?

— Justement, Monsieur.

— Mais je croyais que depuis le jugement du tribunal de Grenoble on n'y allait plus guère ?

— J'ai ouï dire au contraire, et à gens bien informés, qu'on n'y a jamais vu tant de monde que cet été.

— C'est étonnant !

— Que voulez-vous, c'est qu'apparemment, si le jugement dont vous parlez tend à infirmer en quelque point, comme vous paraissez le croire, l'appréciation du fait de l'Apparition, qui est d'un tout autre ordre que les choses civiles, et d'un autre ressort, et sur lequel le juge compétent a prononcé canoniquement, l'infirmation dont il s'agit fait peu d'impression sur les pèlerins.

— Monsieur est déjà allé à la Salette ?

— Oui, Monsieur, plusieurs fois. »

Il paraît que ces réponses firent penser à mon monsieur de *** que je ne serais pas son causeur, et toujours est-il qu'aussitôt après la dernière il offrit sa place à un ecclésiastique qui partageait devant nous le siége du cocher et qu'il appela fort cérémonieusement : Monsieur le chanoine.

Monsieur le chanoine ne se le fit pas dire deux fois : il accepta très-volontiers, et bien évidemment du reste à la façon d'un protecteur. Ce chanoine est un homme de quarante ans, fort beau, très-soigné dans sa toilette ecclésiastique et sentant beaucoup le supérieur et même déjà pas mal le prélat. Nous voici donc côte à côte.

J'étais souffrant ce jour-là et fort rembruni, je ne desserrai plus les dents jusqu'à Laffrey, au 25ᵉ kilomètre de Grenoble, je crois, pour compter comme on fait aujourd'hui. Le troisième voyageur du coupé, de l'autre côté de M. le chanoine, était un jeune homme qui se tut, lui, jusqu'à Corps et je suppose encore plus loin. Le fait est que ce que je vais rapporter ne lui fit pas un seul instant donner signe de vie, encore bien qu'il tînt les yeux ouverts. Ce qu'il pensa cependant du dialogue assez animé qu'il entendit de si près, je le laisse à juger à mon lecteur, lui protestant, d'ailleurs, que je n'imagine absolument rien et que je ne suis en vérité que le très-fidèle secrétaire de mes souvenirs.

Nous avions eu fort chaud de Grenoble à Claix, quoique le soleil se voilât par moments ; la gorge de la Romanche ne tarda pas à nous souffler des bouffées assez froides, bien bénignes pourtant auprès du mistral qui nous accueillit à Laffrey.

— Il doit faire froid ici? me dit M. le chanoine en arrivant à ce village glacial, après une interminable montée.

— Le nom le dit, Monsieur l'abbé, et il dit vrai ; au reste, d'ici à la Mure, ça ne change guère. »

Après cet avant-propos météorologique, quelques mots furent encore échangés sur les lacs, leurs poissons, l'abondance du gibier aux environs dans les vastes cultures de la Matésine, mais toujours fort languissamment, lorsqu'un peu au-delà du 30ᵉ kilomètre, je vis poindre tout à coup, derrière l'immense talus du Serre de la Mure, le pic si hardi, si pittoresque, si extraordinaire qui signale au loin le lieu de l'Apparition, le pic du Gargas : je ne pus m'empêcher de le saluer aussitôt et de le montrer à mon voisin en soutane.

— Ah ! c'est là....... »

Mon émotion n'eut pas d'autre écho : je me trompe, elle en excita une contraire et vive aussi, à laquelle seulement il fallut le temps de chercher son terrain pour se faire jour; car mon interlocuteur ajouta peu après :

— Savez-vous, Monsieur, si l'on a appelé du jugement du tribunal ?

— Monsieur l'abbé, sans avoir songé à m'en informer, j'ai ouï dire qu'il y avait eu en effet appel, mais j'ignore si la Cour a ou non rendu quelque arrêt, et à vrai dire je m'en suis peu inquiété.

— C'est une affaire, me fut-il répliqué très-magistrale-ment et sans grâce, dans laquelle on a malheureusement mis beaucoup d'esprit de parti...

—Mais, Monsieur l'abbé, à tout le moins ça ne regarde pas, je pense, tant de monde qui va là-haut depuis neuf ans avec bonheur et y retourne avec plus de bonheur encore, tant de bonnes gens consolés, éclairés, guéris, dont la re-connaissance éclate de toute part et prouve, ce me semble, assez bien que le lieu est bon et probablement pour bonne cause?

— Monsieur, partout où l'on honore la sainte Vierge, où on la prie avec confiance, Elle répand de pareils bien-faits, qui prouvent autant de fois sa miséricordieuse bonté. Mais qu'Elle les multiplie comme il plaît à quelques-uns de le dire, c'est autre chose! Il faut de la critique en cette matière, sans quoi l'on risque de nuire à la religion autant qu'on croit la servir. Un fait, un seul fait m'est bien connu : Eh bien! je dois dire que le bon M. Rousselot eût dû se garder de le rapporter.

— Je vous comprends à présent tout à fait, Monsieur l'abbé, et je vais vous répondre, autant que j'en suis capa-ble. Simple laïque de ce triste XIXe siècle, où la foi est si courte et la raison si haute, et l'ignorance en vraie théolo-gie si répandue, je n'aurai que le sens commun à mon aide, et encore bien entendu au degré où j'y participe. Mais enfin c'est le cas ou jamais de justifier ce que dans mon naïf consentement de retourner à la Salette je vous ai laissé voir simplement. Je commence.

1° De tant de bienfaits rapportés, par M. Rousselot nommément, vous n'en connaissez donc qu'un à fond et il est faux. Permettez-moi de vous dire, Monsieur l'abbé, que j'aimerais mieux que vous vous fussiez enquis en même temps des autres faits publiés : rien qu'au point de vue rationnel, cela vous rendrait plus recevable, ce me semble, à contredire comme vous venez de le faire, assez clairement et sans gêne, le jugement de l'Ordinaire.

— Monsieur, je ne suis pas de ce diocèse et il ne s'agit nullement d'une chose de foi. L'Église ne va pas si vite et elle est beaucoup plus libérale avec ses enfants que vous ne paraissez le croire.

— Monsieur l'abbé, ma réponse à ceci viendra tout à l'heure. Souffrez que j'achève auparavant celle que j'ai commencée.

2° Vous ne voyez pas de preuve de l'Apparition dans les bienfaits prodigués sur le lieu où les pèlerins pensent vénérer les traces de la sainte Vierge, quoique ce soit incontestablement la pensée qui les entraîne là, et quelque grands et nombreux que puissent être ces bienfaits, du moment qu'ils seraient certains : en sorte que, si l'Apparition n'a été qu'une jonglerie, comme l'opposition le crie et publie, vous la faites néanmoins tourner à un bien prodigieux ! Il n'y a rien là qui vous répugne, qui vous froisse, qui vous mette mal à l'aise ?

— Dieu, Monsieur, tire sans cesse le bien du mal, et où en serions-nous autrement !

— Oui, mais qu'y a-t-il de plus digne de Dieu : de tirer le bien d'une apparition mensongère ou diabolique de la sainte Vierge, ou d'une apparition vraie? Voilà la question...

3° La religion ne nous permet pas le plus petit mal pour le plus grand bien, et Dieu ici semblerait ne pas y regarder de si près pour Lui-même : cela encore n'est pas mal sonnant à vos oreilles, Monsieur l'abbé ?... Je continue.

4° Les plus grands rois ne rendent pas un lieu célèbre à leur gré, tant s'en faut. Celui-ci l'est devenu tout à coup dans le monde entier : probablement donc cela seul indique déjà une intervention surnaturelle divine ou diabolique. Mais des faits merveilleux se multiplient dans ce lieu, et récompensent, encouragent magnifiquement les pèlerins dans leur foi ; et l'Évangile nous disant qu'un arbre se fait connaître à ses fruits, les bons par de bons fruits, les mauvais par de mauvais fruits, ne semble-t-il pas qu'il en doive être de même ici, et conséquemment que vous péchiez contre la logique du divin Maître en prêtant à ces faits merveilleux une première cause diabolique, assurément très-indigne ?

5° Il y a eu, au premier anniversaire, cinquante mille pèlerins venus surtout des villages et bourgs environnants, presque tous gens simples et pleins de foi, presque tous, par conséquent, grands privilégiés de Dieu ; les mauvais chemins, la pluie, le défaut d'abri sur la montagne, rien n'a pu contenir leur pieux élan, et Dieu les a comblés en retour de ses plus grandes miséricordes, mais en commençant par souffrir qu'ils fussent le jouet d'une erreur, d'une crédulité grossière digne de moquerie : il Lui importe peu apparemment que la foi des siens s'exerce sur le faux ou sur le vrai.... Cette considération ne vous fait pas un peu grincer les dents ?... C'est pourtant assimiler Dieu, ce me semble, comme déjà, du reste, dans la troisième considération, à ces grands seigneurs philosophes du XVIIIe siècle qui disaient la religion nécessaire au peuple, en se réservant la vérité. Pour moi, Monsieur l'abbé, je ne puis vous le taire, cette opinion me paraît, pour le moins, très-irrévérencieuse à Dieu.

6° Ce que vous ne pourrez nier, en tous cas, c'est qu'elle n'est pas la plus sûre, puisqu'elle n'est pas celle du juge légitime, compétent, qui a prononcé contrairement et qui est l'Eglise, du moins jusqu'à ce que le juge ecclésiastique supérieur ait révisé ; tandis que vous n'êtes, vous, réellement, que l'homme du sens propre, du jugement propre, de l'esprit propre, du moi, en un mot, qui s'en rapporte imprudemment plus à lui-même qu'à qui de droit.

7° Et à tout le moins, Monsieur l'abbé, ne craindrez-vous pas, avec votre manière de voir, d'encourager les visionnaires et les charlatans, qui devront se croire en effet très-excusables de jouer d'autres apparitions célestes, en considération du bien immense que vous voyez et avouez être le résultat de celle qui nous occupe ?

— Monsieur, mais vous me faites donc quasi blasphémateur, protestant et promoteur de diableries et charlataneries ?

— Ne vous fâchez pas, Monsieur l'abbé, cela ne changerait pas votre cause, et il n'y a motif; car il me semble que je n'ai fait tout juste que tirer les conséquences des données que vous m'avez fournies, et que c'est votre seule faute si je vous crois à présent, non pas précisément tout ce que vous venez de dire, mais bien du moins un peu rationaliste et gallican.

—Oh! si ce n'est que ça, à la bonne heure ! car ce serait en assez bonne compagnie avec tant d'évêques éminents et par parenthèse avec un tel, nommément, que vous pouvez connaître, Monsieur ?

— Monsieur l'abbé, je ne sais si cet évêque est peu ou point rationaliste et gallican, et je n'ai pas à le juger. Je tâche de ne commettre la hardiesse de juger les autres, et surtout d'exprimer mon jugement sur les autres, que quand j'y suis forcé. Mais laissons là, s'il vous plaît, toute personnalité et toute appellation de parti, et, revenant au fond, laissez-moi vous demander, je vous prie, si les arguments que je viens de présenter à l'appui du fait de l'Apparition, ne sont pas concluants ?

— Monsieur, il y a bien quelque chose dans ces arguments, mais quelque chose d'insuffisant, et en telle matière il faut la preuve péremptoire, il faut l'évidence.

— L'évidence ! Monsieur l'abbé, et où serait alors le mérite qui doit rester à la foi ? Et que devient dans ce système la foi elle-même, que pourtant Notre-Seigneur loue et récompense par-dessus tout d'un bout à l'autre de l'Evangile ? Et que faites-vous en particulier de cette divine parole adressée à Thomas : Vous êtes heureux de croire, parce que vous avez vu; mais plus heureux ceux qui croient et qui n'ont pas vu? Et enfin, où est l'évidence des faits mêmes de Notre-Seigneur, de sa résurrection, par exemple? Quelques soldats endormis ou réveillés en sursaut en ont été les seuls témoins, et tout le peuple déicide, toujours subsistant depuis dix-huit siècles et partout répandu, n'a jamais cessé de la nier !

— Monsieur, il ne sied pas de comparer ces faits-là qui sont de foi, avec celui de la Salette qui ne l'est pas du tout.

— Monsieur l'abbé, ces faits sont de foi en vertu de la foi, mais nullement en vertu de l'évidence, et cela me suffit, je crois, pour vous réduire à me retirer votre condition d'évidence.

Quant à la preuve péremptoire, puisqu'il vous la faut, est-ce donc que les guérisons surnaturelles demandées et obtenues expressément comme preuve de l'Apparition, ne sont pas autant de ces preuves péremptoires ?

— J'en conviens pour ces guérisons-là, s'il y en a de bien authentiques.

— Eh bien! Monsieur le chanoine, permettez-moi de vous le dire, du moment qu'étant prêtre et dignitaire ecclésiastique, vous parlez sur ce sujet dans une voiture publique, je crois que vous devriez savoir qu'il y en a d'incontestables, et qu'elles ont été prises en considération par le juge de la cause. Ce n'est pas ici que je puis vous en produire les preuves convaincantes, je ne les ai pas en main, quoique je les aie eues ; je ne puis donc, quant à présent, que vous affirmer les guérisons dont il s'agit, en vous renvoyant aux enquêtes et rapports publics dont elles ont été l'objet, et vous en affirmer, à coup sûr, au moins quatre, nombre dont l'Eglise se contente pour la canonisation d'un saint.

— Mais vous ne faites pas attention, Monsieur, à un autre fait capital et beaucoup plus connu que ceux que vous alléguez : c'est l'opposition persistante d'un homme aussi éclairé, aussi sage, aussi haut placé que le cardinal de Lyon, le métropolitain de Grenoble, et qui s'est occupé et a dû s'occuper de l'Apparition de la Salette dès le principe ; de l'opposition bien connue aussi d'un évêque comme celui de Gap, plus voisin de la Salette que l'évêque de Grenoble lui-même, et de celle de tant d'autres évêques et archevêques non moins savants, non moins vénérables et non moins assistés d'en haut pour discerner en si grave occurrence l'œuvre de Dieu et celle de Satan.

— Monsieur l'abbé, ces oppositions sont bien connues en effet, et beaucoup trop selon moi ; il m'est pourtant précieux ici qu'elles soient accusées par vous-même. Toujours selon moi, elles ne sont qu'un fort mauvais exemple et de grande portée malheureusement.

Comment ! l'Ordinaire, et il n'y en a pas deux, Monsieur l'abbé ; l'Ordinaire donc, c'est-à-dire le seul juge d'instance légitime et compétent, a pris des années pour examiner la cause ; il a suivi toutes les formes, toutes les règles canoniques ; il a fait plus, avant de publier son jugement doctrinal, il l'a soumis au Saint-Siége, qui s'est plu dès lors....

— Monsieur, je vous arrête ici ; je suis grand-vicaire, et je puis vous dire que ce n'est pas un jugement doctrinal.

— Nos grands-vicaires, Monsieur l'abbé, l'appellent cependant ainsi, même en chaire : je le leur ai entendu moi-même désigner là de cette manière, et je devais croire à leur exactitude en un tel point....... Et comme vous n'insistez pas, Monsieur l'abbé, je maintiens le mot, et je dis que ce jugement doctrinal, même abstraction faite des faveurs suprêmes qui l'ont couronné et que vous m'empêchiez dans l'instant de rappeler, ne permet à aucun catholique, non pas seulement du diocèse, mais de l'univers entier, la contradiction à laquelle vous vous livrez ici avec moi ; je dis que, comme prêtre et surtout comme vicaire-général, cette interdiction vous incombe encore plus qu'à un laïque ; je dis que ce jugement doctrinal ne vous oblige pas sans doute à croire à l'Apparition, mais ne vous permet, si vous n'y croyez pas, de manifester votre opinion dissidente qu'auprès du juge ecclésiastique supérieur ; je dis que, s'il y a une loi analogue, formelle et inexorable dans les choses civiles ; que si même un tribunal d'instance ne peut réviser de sa propre autorité le jugement d'un autre tribunal d'instance ; que si, enfin, la Cour d'appel seule est compétente pour cela, il est impossible qu'il en soit différemment dans les choses ecclésiastiques, dont l'importance est plus grande encore et qui doivent offrir à tout égard des modèles à l'Ordre inférieur.

Assurément la plaie de la société actuelle est l'esprit d'anarchie qui la travaille et qui la mine ; et les périls qui en sont résultés naguère, et le prodige qu'il a fallu, le 2 décembre, pour les conjurer, et celui que la divine Providence, comme à bout des voies ordinaires, continue sous nos yeux pour empêcher ces périls de renaître et relever nos destinées, en protégeant si manifestement son élu et lui donnant partout la victoire : tout cela révèle sans doute, en même temps que l'infinie miséricorde de Dieu et ses desseins persistants sur la France, tout cela, dis-je, révèle sans doute l'effrayante gravité du mal ; mais votre aveu, Monsieur l'abbé, en montrant ce même esprit d'anarchie jusque dans quelques-uns de nos évêques, est plus éloquent encore ; et c'est pourquoi je n'ai pu m'empêcher de dire tout à l'heure, en ménageant les termes, que les oppositions que vous invoquiez me semblent être un funeste exemple.

Quant à l'assistance d'en haut que vous avez alléguée, j'y crois seulement pour les évêques jugeant canoniquement, et non point pour les autres.

— Vous n'y allez pas de main morte, Monsieur, avec vos termes ménagés ; heureusement que ce que vous appliquez au pluriel ne regarde que le singulier : vous ne savez donc pas que le cardinal de Lyon, le métropolitain de Grenoble, je le répète, chargé par le St-Père d'avoir le secret des enfants, est allé à Grenoble tout exprès et n'a pu l'obtenir ?..... Et que c'est là qu'a été le mal dont vous parlez, la première faute qui a pu naturellement en amener quelques autres ?....

— Je sais, Monsieur l'abbé, et pertinemment, que le cardinal de Lyon, après avoir beaucoup laissé voir ses préventions, fit demander, par un de ses collègues qui se rendait à Rome, l'autorisation de requérir le secret des enfants, et que le St-Père, par politesse et ménagement sans aucun doute, donna à cette demande officieuse un acquiescement verbal, dont le cardinal de Lyon eût le premier senti l'insuffisance s'il eût été moins préoccupé de cette affaire. Je sais que Mgr de Grenoble, eu égard aux dispositions notoires du cardinal, quelque temps avant sa venue, ordonna aux enfants d'écrire leurs secrets, et qu'il les envoya scellés à Rome par MM. Gerin et Rousselot. Je sais que ces Messieurs furent accueillis avec la plus grande bonté et faveur, que par conséquent le St-Père ne trouva nullement irrégulière et répréhensible leur mission, que Mgr de Grenoble était donc dans son droit et que le mandat du cardinal n'était bien que ce que j'ai dit, et encore ne dois-je pas tout dire. Sans doute, comme suffragant de Lyon, Mgr de Grenoble eût pu déférer à son métropolitain l'affaire de la Salette, s'il avait eu quelque motif pour cela ; mais il en avait au contraire pour la retenir, et les préventions du cardinal étant connues comme elles l'étaient, je vous le demande, Monsieur l'abbé, Mgr de Grenoble eût-il agi aussi sagement qu'il l'a fait en se dessaisissant ?

Voyez, du reste, la fin de tout cela. Le cardinal vient tout exprès à Grenoble, il se fait amener les enfants, il les presse beaucoup ; on méconnaît sa dignité, son mandat, répète-t-il avec humeur ; les enfants ont beau lui représenter que la belle Dame leur a défendu de dire les secrets ; qu'on leur a bien fait comprendre qu'ils les devaient au St-Père, mais qu'à présent le St-Père les a, que le cardinal peut les lui demander et qu'ils ne voient pas la nécessité de les faire arriver de nouveau à Sa Sainteté : le cardinal se fâche, reparlant toujours de sa dignité et de la commission expresse qu'il a reçue du St-Père, et alors l'un des enfants, par scrupule, de prier Son Eminence de lui montrer cette commission, et le cardinal d'en rester là.

Et vous pouvez m'en croire, Monsieur l'abbé, je suis bien instruit de ces choses : parce que je connaissais beaucoup les enfants et leurs parents, c'est moi que Mgr de Grenoble avait chargé de leur faire écrire les secrets en ma présence, et d'amener Maximin au cardinal à l'évêché; circonstance qui me donne à ajouter encore que, du commencement à la fin de l'interrogatoire, le cardinal fut si peu de sang-froid, qu'il ne sut aucunement profiter de l'occasion pour chercher à juger par lui-même les enfants; il ne songea absolument qu'à avoir, bon gré mal gré, les secrets, sans prendre garde du tout à ce qu'il nous donnait à conclure de là.

Et puis ensuite son mécompte diminua-t-il ses préventions et le rendit-il plus réservé à les témoigner? Vous m'avez fourni vous-même, Monsieur l'abbé, un motif de plus de penser le contraire, comme aussi de ne m'étonner plus que la malveillance intervienne après tout cela dans cette affaire, et attribue, par exemple, telle ou telle opposition.... Mais je m'arrête; il est mieux, surtout en pareil sujet, de ne pas publier les propos, fondés ou non, dont se repaît avec le plus d'avidité la malveillance.

Les explications qui précèdent ont leur côté fâcheux, j'en conviens : est-ce à dire qu'elles inculpent les intentions du cardinal et des évêques que vous avez mis en avant, ou qu'elles donnent à supposer de ma part un moindre respect pour leurs actes canoniques que pour ceux de mon propre évêque? Assurément non. Je n'aperçois dans ces augustes et saints personnages que le tort d'être grands et d'être hommes. Le temps a pu leur manquer pour approfondir par eux-mêmes une cause qui les intéresse sans doute (qui n'intéresse-t-elle pas?), mais qui n'est pas, et d'autant plus qu'elle n'est pas réellement la leur propre jusqu'ici; au milieu de leurs travaux multipliés, de leurs préoccupations incessantes, peut-être n'ont-ils pas assez pris garde à cela d'abord, et puis à la malheureuse difficulté

que nous éprouvons toujours, sans nous en rendre compte,
à revenir sur nos pas ; des influences secondaires d'entou-
rage , mues par un zèle sincère mais naturel, ont pu aussi
leur faire impression , et, par suite, dans de certaines ren-
contres, teindre quelques-unes de leurs paroles , que des
esprits ardents ou trop philosophiques auront relevées
comme officielles, quoique ne l'étant pas, et exagérées ; et
cela, du reste , encore en général sans malice et même avec
une entière persuasion de bien faire. C'est presque toujours là l'explication vraie de toute histoire de ce genre,
et je crois du moins que c'est à peu près tout pour celle-ci.

Malheureusement tout cela et tout ce qu'on pourrait y
ajouter d'analogue , quelque simple qu'il puisse être ou
paraître en soi, n'empêche pas que l'exemple reste, et que
le grand nombre, qui ne voit autre chose, subisse l'effet de
cet exemple, lequel en de telles choses et donné par des
hommes revêtus d'un tel caractère, ne peut manquer de tirer
à graves conséquences, surtout en un temps comme celui-
ci où le monde chancelle.... Et c'est pourquoi je n'ai pu me
taire sur ce point , quelque délicat qu'il fût, absolument
comme ce conscrit en faction qui croisait la baïonnette
contre l'Empereur , ne connaissant que la consigne qu'il
avait reçue de son caporal. La mienne m'a été donnée par
les mandements de mon évêque , dont j'ai entendu la lec-
ture, faite du haut de la chaire de ma paroisse, et je n'en
puis mais si, au fort de l'engagement qui vient d'avoir lieu,
j'ai quelque peu blessé ou vous, Monsieur l'abbé, ou les
tiers que vous avez appelés à votre aide pour me désarmer.

Et puis enfin, après avoir, autant de fois que je suis
monté là-haut, reçu d'insignes faveurs, pouvais-je donc voir

sans douleur l'obstacle que votre parti oppose à la diffu-
sion de pareils bienfaits sur une multitude d'âmes en peine,
et ne pas tenter, coûte que coûte, suivant mes forces, de
renverser cet obstacle?

Quoi qu'il en soit, tout est dit maintenant à cet égard,
Dieu merci! et j'ai hâte et besoin de ne plus invoquer qu'un
argument meilleur et le plus fort de tous incomparable-
ment. Laissant donc là sans retour toutes ces choses où la
pauvre humanité mêle nécessairement sa misère, montons
plus haut, Monsieur l'abbé; venez avec moi sur la sainte
Montagne; il s'en exhale une vertu sans mélange et à laquelle
rien ne résiste. La dernière fois que je l'ai gravie, j'étais
depuis plusieurs mois comme livré en proie à de grandes
peines intérieures, à de rudes et incessantes tentations:
l'ennui, le découragement m'accablaient, et je n'y voyais
plus de fin. Je dérobe quelques jours à mon labeur obligé,
et je vais donc sur la montagne bénite; et là, après la première messe que j'y entends et après la sainte communion,
priant mieux que depuis longtemps et venant à m'oublier
dans cette prière comme en un doux sommeil qui m'aurait
surpris, voici que je me trouve au bord d'une mer furieuse.
Des lames hautes, menaçantes, terribles, s'avancent l'une
après l'autre contre moi, mais se brisent toutes et meurent
en écumant à mes pieds....... Ce spectacle dure jusqu'à ce
que mes yeux se dessillant enfin, je comprends que je dois
mépriser les tentations qui m'obsèdent comme ces vagues
impuissantes, et je me sens aussitôt inondé de paix et de
joie, et cette paix et cette joie sont demeurées en moi; je
les ai emportées en échange de ma tristesse, et je retourne
aujourd'hui, après un long intervalle, pour les renouveler

à leur source divine qui ne tarit pas sur cette montagne.

Venez-y donc avec moi, Monsieur l'abbé ! Voyez-vous, quand le démon paraît quelque part, il ne peut laisser après lui que l'infection et des légions de pensées ou suggestions mauvaises ; quand c'est la sainte Vierge, Elle laisse aussi quelque chose de sensible, mais de céleste : Elle laisse là, en réserve pour tous ceux de ses enfants qui viendront les cueillir, les grâces dont ils ont besoin , diverses comme leurs maux, et surpassant toujours toute attente.

Le monde nous prend pour des niais et il nous raille, quand nous lui rapportons ces choses en les lui souhaitant de tout cœur ; il devrait pourtant bien nous compter et s'apercevoir que notre nombre est grand, et que chaque jour il s'augmente de quelqu'un des siens, pris à tout étage ; car il ne vient pas seulement là-haut de ces simples dont Dieu seul sait la grandeur ; il n'y vient pas seulement des femmes et des prêtres : il y vient des savants, des grands, des mages de toute langue et de toute nation. La raisonneuse Angleterre surtout en envoie de plus en plus, comme pour nous faire espérer et demander, de plus en plus aussi, son prochain retour à la vraie foi.

Que vous dirai-je, enfin, pour vous entraîner, Monsieur l'abbé ? Je vous dirai que la grâce que j'ai reçue est plus grande que celle de voir la sainte Vierge : j'avais besoin de l'une et non de l'autre, qui m'eût probablement fait tourner la tête. Je croyais, et j'ai été récompensé magnifiquement, quoique indigne. D'autres, ne croyant pas, bon gré mal gré sont venus néanmoins, et là, sous nos yeux, de façon ou d'autre, ils ont été vaincus et s'en sont allés, renouvelés par leur défaite, bienheureux et glorifiant Dieu de ce que, dans ces temps critiques, Il a daigné nous envoyer la sainte Vierge pour nous réveiller au bord des abîmes et nous rappeler à Lui....... Et que voulez-vous donc qu'Il fît de plus? Fallait-il établir là, en permanence, cette divine Mère visible pour tous?........... Mais c'eût été le Ciel, et nous avons à le gagner, en prenant garde, je pense, avant tout, de dédaigner les avertissements solennels que la Reine des Prophètes est venue miséricordieusement nous donner à l'approche du jour de la justice et peut-être des derniers jours. »

Au commencement de cette conversation, le banc du cocher était bruyant; mais peu à peu le silence s'y fit, et je suppose qu'elle attira l'attention des fumeurs qui l'occupaient, voire même du muet qui l'entendait de plus près encore. Tous trois furent ainsi témoins du dénouement, je veux dire d'un acte de haute et rare vertu de la part de M. le chanoine.

—Monsieur, me fit-il à la fin de ma dernière bordée, je suis bien aise de vous avoir fait et entendu défendre la cause de la Salette; ne me croyez pas opposant au fond: je le suis si peu, que je vous demande instamment de prier de tout votre cœur sur la montagne pour une personne malade qui m'est bien chère, et à laquelle je n'ai cessé de songer pendant notre long silence de Grenoble à Laffrey.

On pense bien que j'ai fait mieux que de m'acquitter à la lettre de cette commission; je l'ai passée tout en arrivant au supérieur des missionnaires, et elle a été l'objet de recommandations publiques et pressantes la veille et le grand jour de l'Assomption. Puissent les prières des bonnes âmes ainsi provoquées, obtenir de Notre-Dame de la Salette, qu'Elle use d'un argument moins insuffisant que les miens pour convertir, en effet, à sa miséricordieuse Apparition parmi nous, M. le chanoine de***, et que, lui pardonnant de n'avoir pas gravi avec moi, sur mes vives instances, la sainte Montagne, Elle daigne néanmoins, par un miracle EVIDENT, rendre la santé à la chère malade !

M.F.B.D.